Reinhard Abeln

Meine schönsten
Gebete und Lieder

Dieses Buch
gehört

_____

Meine schönsten Gebete und Lieder

Herausgegeben von Reinhard Abeln

Mit Illustrationen von Yvonne Hoppe-Engbring

Butzon & Bercker

Bibliografische Information der Deutschen Nationalbibliothek

Die Deutsche Nationalbibliothek verzeichnet diese Publikation
in der Deutschen Nationalbibliografie; detaillierte bibliografische
Daten sind im Internet über http://dnb.d-nb.de abrufbar.

 Das Gesamtprogramm
von Butzon & Bercker
finden Sie im Internet unter
www.bube.de

ISBN 978-3-7666-1809-2

Überarbeitete Neuausgabe 2014

© 2003/2014 Butzon & Bercker GmbH, Hoogeweg 100, 47623 Kevelaer, Deutschland
www.bube.de
Umschlaggestaltung: Yvonne Hoppe-Engbring
Schrift-/Notensatz und Reproduktion: Kontrapunkt Satzstudio Bautzen

INHALT

Vorwort 8

MEINE TÄGLICHEN GEBETE

Am Morgen 10
Während des Tages 13
Beim Essen 17
Am Abend 19

DURCH DAS KIRCHENJAHR

Advent 22
Das Fest der heiligen Barbara 26
Das Fest des heiligen Nikolaus 27
Weihnachten 31
Das Dreikönigsfest 36
Aschermittwoch – Fastenzeit 39
Palmsonntag 41
Gründonnerstag 42
Karfreitag 43
Ostern 46

Christi Himmelfahrt 50
Pfingsten 52
Fronleichnam 55
Das Fest der Heiligen
    Petrus und Paulus 58
Das Fest des heiligen
    Christophorus 59
Erntedank 60
Das Fest des heiligen
    Franziskus von Assisi 64
Allerheiligen – Allerseelen 66
Das Fest des heiligen Martin 70
Das Fest der heiligen
    Elisabeth von Thüringen 74

SONNTAG IST HEUTE 77

MEINE FREUNDE
UND ICH 85

Quellennachweise 91

 # VORWORT

Hallo, liebes Mädchen, lieber Junge!

Du hast dieses große und schöne Gebet- und Liederbuch geschenkt bekommen. Ich hoffe, dass es dir gefällt und dass du mit den zahlreichen Gebeten und Liedern viele glückliche und frohe Stunden verbringen wirst.

Die Gebete und Lieder dieses Buches wollen dir sagen: Gott hat dich lieb. Er mag dich. Er hält seine Hand schützend über dich und lässt dich nicht im Stich. Mit diesem „lieben" Gott darfst du im Gebet sprechen, ihn darfst du mit Liedern loben und ehren. Das ist etwas Schönes und macht dich glücklich und froh.

Denk immer daran, dass Gott nicht irgendwo weit weg von dir wohnt. Er ist immer und überall da, wo du bist. In einem alten gereimten Kindergebet heißt es:

„Wo ich stehe, wo ich gehe,
bist du, lieber Gott, bei mir.
Wenn ich dich auch niemals sehe,
weiß ich sicher, du bist hier."

Bete und singe zu Gott mit offenem Herzen! Bitte ihn, dass er dich nie verlassen möge! Und nun wünsche ich dir und allen, die zu diesem Gebet- und Liederbuch greifen, viel Freude!

Reinhard Abeln

Meine täglichen Gebete

Am Morgen

Kinder, lasst uns fröhlich sein

Kin-der, lasst uns fröh-lich sein! Uns ge-hört der Son-nen-schein.

Him-mel und Er-de sind un-ser Haus, schaut die hel - le Son-ne raus.

Vög-lein ha-ben Flü - gel, fah-ren oh-ne Zü - gel, Fisch-lein

schwim-men im Was-ser rund, Blüm-lein ma-chen die Wie-sen bunt.

Wenn wir Kin-der spie - len, fröh-lich tan-zen und sprin-gen,

scheint der hel - le Son-nen-schein. Kin-der, lasst uns fröh-lich sein!

Text und Melodie: überliefert

Meine täglichen Gebete

GESUND BIN ICH VOM SCHLAF ERWACHT

Ge - sund bin ich vom Schlaf er - wacht, dir,
gu - ter Gott, sei Dank ge - bracht, nimm mich auch heut in
dei - ne Hut und ma - che mich recht fromm und gut!

Text und Melodie: volkstümlich

GUTEN MORGEN, LIEBER GOTT

Guten Morgen, lieber Gott!
Gib uns heute unser Brot!
Lass uns lachen und nicht weinen!
Lasse deine Sonne scheinen
bis in unser Herz hinein!
Du wirst immer bei uns sein. Amen.

Überliefert

DANKE FÜR DIESE NACHT

Großer Gott,
ich danke dir für diese Nacht.
Ich habe ohne Sorgen geschlafen
und bin fröhlich aufgewacht.
Behüte mich an diesem Tag!
Bleibe bei mir! Amen.

LEUCHTE IN MEIN HERZ HINEIN

Lieber Gott, lass mich heute
froh gelaunt und glücklich sein
und leuchte du mit deiner Freude
mitten in mein Herz hinein!

Volksgut

BLEIBE BEI MIR – BESCHÜTZE MICH

Lieber Gott,
ich danke dir für den neuen Tag.
Ich bin gesund aufgewacht.
Lass mich heute viel Freude haben:
in der Schule,
beim Spielen
und zu Hause!
Hilf mir, dass ich mich mit allen,
die ich treffe, gut vertrage!
Bleibe bei mir und beschütze mich!
Danke schön, lieber Gott! Amen.

HILF MIR, GUT ZU SEIN

Guter Gott,
ein neuer Tag fängt an.
Ich möchte tun, was du willst.
Ich möchte zu meinen Eltern
freundlich sein.
Ich möchte mich mit meinem Bruder
(meiner Schwester) vertragen.
Ich möchte mit meinem Freund
(meiner Freundin) ohne Streit spielen.
Ich möchte, dass viele Menschen
nett zueinander sind.
Hilf mir, lieber Gott,
gut zu sein! Amen.

WÄHREND DES TAGES

WUNDERBARE WELT

Lieber Gott,
du bist groß und gut.
Du hast Himmel und Erde erschaffen,
Sonne und Regen,
Meer und Sterne,
Bäume und Wiesen,
Tiere und Menschen.
Deine Welt ist wunderbar.
Ich danke dir für alles Schöne.
Du machst mich froh
und glücklich, lieber Gott. Amen.

ES IST SCHÖN ZU LEBEN

Lieber Gott,
ich kann sprechen und singen,
hören und sehen, essen und riechen.
Ich kann lachen und schreien.
Ich kann überall umherlaufen.
Es gibt so viel zu sehen und zu erleben.
Es ist schön zu leben.
Danke, guter Gott! Amen.

DU BIST HIER

Wo ich stehe, wo ich gehe,
bist du, lieber Gott, bei mir.
Wenn ich dich auch niemals sehe,
weiß ich sicher, du bist hier.

Überliefert

DU BIST FÜR MICH DA

Lieber Gott,
die Welt ist so groß
und ich bin so klein.
Aber du siehst mich trotzdem.
Du hörst meine Stimme,
wenn ich rufe.

DANKE, LIEBER GOTT

Lieber Gott, ich danke dir
für alles, was ich habe:
für meine Eltern,
für meine Großeltern,
für meine Freunde,
für mein schönes Zimmer,
für mein warmes Bett,
für das neue Fahrrad,
für Essen und Trinken ...
Du machst mich froh,
lieber Gott. Amen.

Du läufst nicht weg,
wenn ich mit dir sprechen möchte.
Du bist für mich da,
immer und überall.
Du bist ein guter Gott.
Ich will dein Freund sein.
Bitte, hilf mir dabei!
Amen.

MACH ALLE KINDER GLÜCKLICH

Lieber Gott, ich bitte dich
für alle Kinder dieser Welt:
für alle, die traurig
und unglücklich sind,
die keine Eltern haben,
die geschlagen werden,
die niemand lieb hat,
die nicht wissen,

wie schön eine Familie ist,
die krank sind,
die jeden Tag Hunger haben,
die vor Bomben und Krieg
Angst haben müssen.
Lieber Gott, hilf,
dass alle Kinder glücklich werden!
Du hast sie doch alle lieb. Amen.

MEIN SCHUTZENGEL BEHÜTET MICH

Lieber Gott,
mein Schutzengel begleitet
und behütet mich
an jedem Tag,
in jeder Nacht.
Er ist bei mir,
wenn ich traurig bin.

Er teilt meine Freude,
wenn ich lache.
Ich danke dir
für meinen Schutzengel.
Mach, dass er mich
nie verlässt!
Amen.

BLEIB MIR ÜBERALL NAH

Bleib mir nah,
lieber Schutzengel:
Überall, wohin ich gehe,
geh du mit mir!

ZUR MUTTER GOTTES

Maria mit dem Kinde lieb,
uns allen deinen Segen gib!

Überliefert

EINE LIEBE MUTTER

Liebe heilige Maria,
du bist die Mutter von Jesus.
Du hast deinen Sohn
sehr lieb gehabt.
Zusammen mit Josef hast du
jeden Tag für ihn gesorgt.
Du hast ihm Essen und
Kleidung gegeben.
Du hast mit ihm gespielt
und gelacht.
Du hast mit ihm gebetet.

Du warst eine liebe Mutter.
Ich möchte dir heute sagen,
dass ich auch eine liebe Mama habe.
Sie ist immer für mich da.
Sie hört mir zu und hat mich lieb.
Liebe Maria, ich danke dir und
Jesus für meine liebe Mama –
und auch für meinen Papa!
Amen.

Beim Essen

Segne, Vater, diese Gaben

Kanon für zwei Stimmen

Seg - ne, Va - ter, die - se Ga - ben.

A - - - men, a - - - men.

2. Danke, Vater, für die Gaben.
3. Herr, wir preisen deinen Namen.

4. Zeige, Herr, uns dein Erbarmen.
5. Send uns, Herr, in deinem Namen.

Text und Melodie: volkstümlich

Meine täglichen Gebete

Alles kommt von dir

Alle guten Gaben,
alles, was wir haben,
kommt, o Gott, von dir.
Wir danken dir dafür. Amen.

Überliefert

Auf dem Felde wächst das Brot

Auf dem Felde wächst das Brot,
bewahrt vor Hunger und vor Not.
Dankbar wollen wir es essen
und die Armen nicht vergessen.

Überliefert

Segne unsere Mahlzeit

Lieber Gott,
bevor wir jetzt essen,
wollen wir dir danken.
Wir danken dir für die Gaben,
die du uns schenkst:
für die gut duftende Suppe,
für Kartoffeln und Fleisch,
für Gemüse und Salat
und für den leckeren Nachtisch!
Von allem ist reichlich da.
Segne unsere Mahlzeit!
Amen.

Alle sollen satt werden

Lieber Gott,
wir haben jeden Tag zu essen.
Wir danken dir für alle Gaben,
die du uns schenkst.
In vielen anderen Ländern
haben die Menschen nicht
genug zu essen.
Sie sind deshalb krank oder sterben.
Bitte, gib allen genug zu essen!
Lass viele Menschen mithelfen,
dass alle auf der Welt satt werden!
Auch wir wollen zu Hause überlegen,
was wir für Hungernde tun können.
Bitte, hilf uns dabei! Amen.

Am Abend

Ich bin müde

Lieber Gott,
ich bin müde.
Ich habe ein warmes Bett.
Darin kann ich gut schlafen.
Du bist bei mir, lieber Gott,
und ich habe keine Angst.
Du bist da – und Vater und Mutter.
Segne uns alle und schenke
uns allen eine gute Nacht! Amen.

Gotteslob Nr. 22,9

Abends, wenn ich schlafen geh

Abends, wenn ich schlafen geh,
vierzehn Engel bei mir stehn,
zwei zu meiner Rechten,
zwei zu meiner Linken,
zwei zu meinen Häupten,
zwei zu meinen Füßen,
zwei, die mich decken,
zwei, die mich wecken,
zwei, die mich weisen
in das himmlische Paradeise.

Altes Kindergebet

Danke, dass du da bist

Wenn ich ganz traurig bin,
dann bist du da, lieber Gott.
Wenn ich allein bin,
dann bist du da.
Wenn ich Angst habe,
dann bist du da.
Wenn ich spiele und fröhlich bin,
dann bist du da.
Wenn ich jetzt zu Bett gehe
und schlafen will,
dann bist du da.
Tag und Nacht bist du bei mir.
Danke, dass du da bist,
lieber Gott!

So ein schöner Tag war heute

So ein schöner Tag war heute,
lieber Gott, und so viel Freude
hast du wieder mir gemacht.
Dankbar sag ich: Gute Nacht!

Überliefert

WEISST DU, WIE VIEL STERNLEIN STEHEN

Weißt du, wie viel Stern-lein ste - hen an dem
Weißt du, wie viel Wol - ken ge - hen weit hin

blau - en Him-mels - zelt? Gott der Herr_ hat sie ge -
ü - ber al - le Welt?

zäh - let, dass ihm auch nicht ei - nes feh - let an der

gan-zen gro-ßen Zahl,_ an der gan - zen gro-ßen Zahl.

2. Weißt du, wie viel Kinder frühe / stehn aus ihren Bettlein auf, / dass sie ohne Sorg und Mühe / fröhlich sind im Tageslauf? / Gott im Himmel hat an allen / seine Lust, sein Wohlgefallen, / kennt auch dich und hat dich lieb.

Text: Wilhelm Hey
Melodie: Volksweise (1818)

Meine täglichen Gebete

Durch das Kirchenjahr

ADVENT

Advent ist eine schöne Zeit, vielleicht die schönste Zeit im Kirchenjahr. Das Wort kommt aus der lateinischen Sprache und heißt Ankunft, Erwartung. Wir denken im Advent daran, dass Jesus wieder kommen und alles gutmachen wird.

Vier Wochen lang bereiten wir uns auf Weihnachten, das Geburtsfest von Jesus, vor. Auf dem Tisch steht ein schön geschmückter Adventskranz mit farbigen Kerzen. An den vier Adventssonntagen zünden wir jeweils eine neue Kerze an. Immer heller soll es in unseren Herzen werden.

Es ist schön, wenn wir in der Familie um den Adventskranz herumsitzen. Das kann am Abend sein oder am Wochenende, wenn alle da sind. Wir zünden die Kerzen an, singen gemeinsam Lieder, lesen Advents- und Weihnachtsgeschichten vor, erzählen und basteln zusammen.

Der Priester zieht im Advent zum Gottesdienst violette Messkleider an. Die violette Farbe sagt uns, dass jetzt eine Zeit der Besinnung und der Vorfreude beginnt. Wir freuen uns, dass Jesus bald kommt. Wir warten auf ihn.

LEISE RIESELT DER SCHNEE

Lei - se rie - selt der Schnee,
still und starr ruht der See,
weih - nacht - lich glän - zet der Wald:
Freu - e dich, Christ - kind kommt bald!

2. In den Herzen ist's warm,
   still schweigt Kummer und Harm,
   Sorge des Lebens verhallt,
   freue dich, Christkind kommt bald!

3. Bald ist Heilige Nacht,
   Chor der Engel erwacht.
   Hört nur, wie lieblich es schallt:
   Freue dich, Christkind kommt bald!

Text: Eduard Ebel
Melodie: Volksweise

ADVENT IST EINE SCHÖNE ZEIT

Lieber Gott,
Advent ist eine schöne Zeit.
Auf dem Tisch steht der Adventskranz.
Wir zünden die Kerzen an.
Wir singen viele Lieder zusammen:
Advents- und Weihnachtslieder.
Wir bereiten uns so
auf Weihnachten vor.
Wir wissen: Jesus kommt bald.
Er ist unser Heiland.
Er macht alles gut.
Ich freue mich auf Weihnachten.
Amen.

BALD IST WEIHNACHTEN

Lieber Gott,
bald feiern wir Weihnachten,
den Geburtstag Jesu.
Jesus ist vor vielen hundert Jahren
in Betlehem geboren worden.
Er hat uns viel von dir erzählt.
Er hat uns gesagt:
Du bist unser Vater im Himmel.
Du sorgst für uns.
Du hast uns alle sehr lieb.
Dafür danken wir dir,
guter Gott. Amen.

WIR BACKEN FÜR WEIHNACHTEN

Lieber Gott,
Mama backt Plätzchen für Weihnachten.
Ich habe Lust, ihr dabei zu helfen.
Aus dem Teig steche ich
Sterne, Blumen und Tiere aus.
Wenn ich es gut gemacht habe,
bekomme ich ein dickes Lob.
Schade, dass nur ein Mal im Jahr
Weihnachten ist!
Amen.

DAS FEST DER HEILIGEN BARBARA

 Barbara, so erzählt die Legende, war ein schönes junges Mädchen in Nikomedien (Kleinasien). Ihr Vater liebte sie sehr und wollte sie ganz für sich besitzen. Alle Männer, die an seinen Hof kamen, um Barbara zu heiraten, schickte er weg.

Auch von Gott wollte Barbaras Vater nichts wissen. Als er eines Tages auf Reisen ging, ließ er seine Tochter in einen Turm einsperren, damit sie während seiner Abwesenheit niemanden treffen konnte.

Doch Barbara hörte nicht auf ihren Vater. Sie hatte schon lange von Jesus Christus gehört und wollte gerne Christin werden. Darum ließ sie in dieser Zeit einen Priester kommen und bat um die Taufe. Mit ihren Fingernägeln, so wird erzählt, ritzte sie ein Kreuz in eine Wand ihres Turmes.

Als Barbaras Vater heimkam, durchschaute er sofort, was geschehen war. Die Liebe zu seiner Tochter verwandelte sich in großen Hass. Der wütende Vater schleppte Barbara vor den Richter. Sie wurde grausam gequält, zum Tode verurteilt und schließlich vom eigenen Vater enthauptet.

Viele beten zur heiligen Barbara. Die Bergleute verehren sie als ihre Schutzpatronin, weil der Legende nach ein sich plötzlich öffnender Fels Barbara Schutz auf der Flucht vor ihrem Vater gab.

Barbaras Festtag ist am 4. Dezember. Nach einem alten Brauch werden an diesem Tag frische Zweige von Obstbäumen in eine Vase gestellt, damit sie am Weihnachtsfest blühen.

DAS FEST DES HEILIGEN NIKOLAUS

 Nikolaus war im 4. Jahrhundert Bischof von Myra in Kleinasien. Das war damals eine sehr schwere Aufgabe. Denn viele Christen wurden von dem heidnischen Kaiser Diokletian verfolgt. Trotzdem verbreitete Nikolaus mutig den Glauben an Christus.

Bischof Nikolaus war ein sehr gütiger Mensch. Er half vielen armen Menschen. Besonders kümmerte er sich um die, die in Not und Gefahr waren. Viele Legenden erzählen davon.

Einmal half er einigen Seeleuten auf dem Meer. Ihr Schiff war durch Wasser und Wind in Not geraten. Nikolaus rettete die Matrosen vor dem Ertrinken. Als sich diese bei ihm bedanken wollten, sagte er: „Nicht ich, sondern euer Glaube und Gottes Gnade haben euch geholfen."

Auch drei Mädchen half der heilige Nikolaus. Ihr Vater hatte kein Geld, um sie zu ernähren. Da wollte er sie auf die Straße schicken. Hier sollten sie Geld verdienen. Nikolaus hatte Mitleid und warf den Mädchen in drei Nächten drei Beutel mit Goldstücken durchs Fenster. Wenig später konnten die Mädchen heiraten.

Am 6. Dezember feiern wir den Nikolaustag. Zur Erinnerung an den heiligen Bischof kommt an diesem Tag „der Nikolaus" in die Familien und beschenkt die Kinder.

FÜR ANDERE DA SEIN

Lieber Gott,
am 6. Dezember feiern wir
das Fest des heiligen Nikolaus.
Nikolaus hat vor vielen Jahren gelebt.
Er hat Menschen geholfen,
die in Not waren.
Er hat denen, die Hunger hatten,
Brot gegeben.

Er hat den Armen Geschenke gemacht.
Er hat die Traurigen getröstet.
Besonders hat er die Kinder geliebt.
Auch ich möchte für andere da sein.
Ich will mir überlegen,
was ich tun kann,
um ihnen eine Freude zu machen!
Amen.

Durch das Kirchenjahr

Lasst uns froh und munter sein

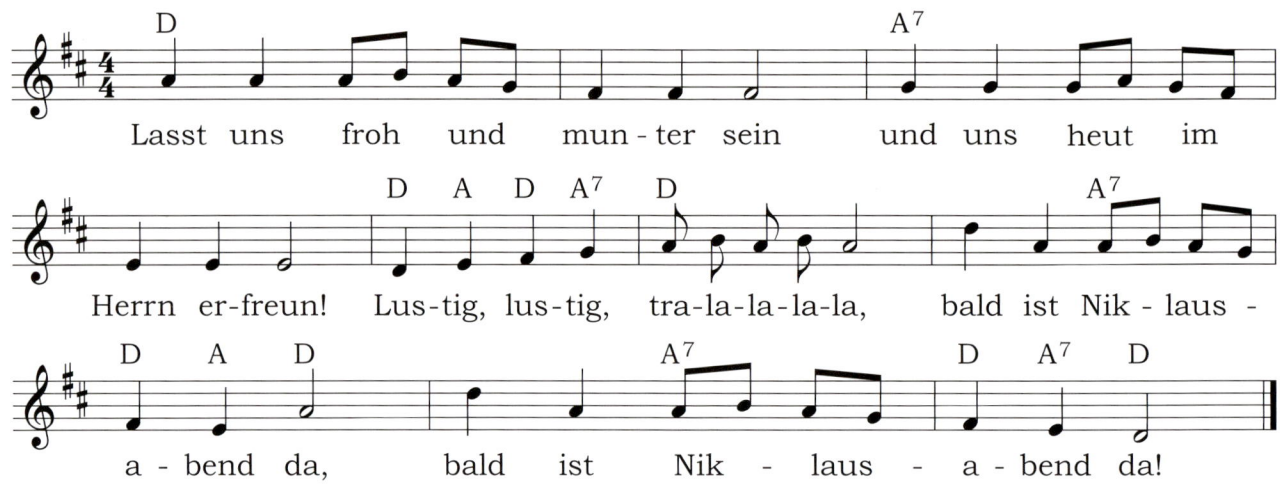

Lasst uns froh und mun-ter sein und uns heut im Herrn er-freun! Lus-tig, lus-tig, tra-la-la-la-la, bald ist Nik-laus-a-bend da, bald ist Nik-laus-a-bend da!

2. Dann stell ich den Teller auf,
   Niklaus legt gewiss was drauf.
   Lustig, lustig ...

3. Wenn ich schlaf, dann träume ich:
   Jetzt bringt Niklaus was für mich.
   Lustig, lustig ...

4. Wenn ich aufgestanden bin,
   lauf ich schnell zum Teller hin.
   Lustig, lustig ...
   dann war Niklausabend da!

5. Niklaus ist ein guter Mann,
   dem man nicht g'nug danken kann.
   Lustig, lustig ...
   dann war Niklausabend da!

Text und Melodie: Volksgut aus dem Hunsrück

Durch das Kirchenjahr

WEIHNACHTEN

Weihnachten ist ein großes, ein frohes Fest. Im 4. Jahrhundert wurde es zum ersten Mal von Christen in Rom gefeiert. Genau wie die Christen damals erinnern auch wir uns daran, was vor mittlerweile über 2000 Jahren in Betlehem geschehen ist: Jesus wurde geboren.

Wir wissen aus der Bibel, was damals geschah: Maria und Josef waren auf dem Weg nach Betlehem. Als sie dort ankamen, war für sie in der Herberge kein Platz. Deshalb gingen sie in einen Stall, um dort zu übernachten. Hier bekam Maria ihr Kind.

Es gab kein weiches Bett, in das Maria das kleine Kind legen konnte. In dem Stall stand nur eine Futterkrippe für die Tiere. Maria wickelte das Kind in Windeln und legte es dann in diese Krippe. Es bekam den Namen Jesus, das heißt Retter.

Auf dem Feld in der Nähe des Stalles wachten Hirten bei ihren Schafen. Ein Engel Gottes kam zu ihnen und sagte: „Freut euch! Heute ist der Retter geboren, Christus, der Herr!" Noch viele andere Engel kamen dazu. Sie sagten: „Friede ist bei den Menschen, die Gott liebt!"

Die Freude war damals groß: bei Maria und Josef, bei den Hirten und bei den Engeln. So ist es bis heute geblieben. Auch wir freuen uns darüber, dass Jesus zu uns in die Welt gekommen ist.

SEHT, DIE GUTE ZEIT IST NAH

Seht, die gu - te Zeit ist nah:
kommt und ist für al - le da,

Gott kommt auf die Er - de, kommt, dass Frie - de
kommt, dass Frie - de wer - de,

wer - de. Ha - le - lu - ja!

2. Hirt und König,
   Groß und Klein,
   Kranke und Gesunde,
   Arme, Reiche lädt er ein.
   Freut euch auf die Stunde.
   Freut euch auf die Stunde!
   Halleluja!

Text und Melodie: aus Tschechien

JESUS LIEBT ALLE MENSCHEN

Lieber Gott,
dein Sohn Jesus ist als kleines Kind
auf die Welt gekommen.
Er ist Mensch geworden.
Er hat das getan,
weil er alle Menschen liebt.
Auch ich will wie Jesus
andere Menschen lieben.
Ich will gut zu ihnen sein.
Lieber Gott, hilf mir dabei!
Amen.

EIN HERRLICHES FEST

Lieber Gott,
Weihnachten ist ein herrliches Fest.
Da sind wir
besonders nett zueinander
und machen uns viel Freude.
Wir danken dir, lieber Gott,
dass du uns Jesus geschenkt hast.
Wir danken dir,
dass wir seinen Geburtstag
feiern können.
Wir danken dir,
dass du uns an Weihnachten zeigst,
wie du uns liebst.
Amen.

JESUS, ICH DANKE DIR

Jesus, ich danke dir,
dass du ein Kind warst
wie alle Kinder.
Jesus, ich danke dir,
dass du ein Kind warst wie wir,
ein Hirtenkind, ein Arbeiterkind,
ein Königskind, ein frohes Kind.
Jesus, ich danke dir,
dass du mit uns lebst.
Du weinst mit uns.
Du freust dich mit uns.
Du hungerst mit uns.
Du lernst mit uns.
Du segnest uns.

Jesus, ich bitte dich,
hilf allen Kindern,
den vielen, die Hunger haben,
den vielen, die krank sind,
den vielen, die behindert sind,
den vielen, die auf der Flucht sind,
den vielen, die reich sind.

Jesus, segne alle:
die Großen und die Kleinen!

Aus Sambia

STILLE NACHT, HEILIGE NACHT

Stil - le Nacht, hei - li - ge Nacht! Al - les schläft, ein - sam wacht
nur das trau - te, hoch - hei - li - ge Paar, hol - der Kna - be im lo - cki - gen Haar,
schlaf in himm - li - scher Ruh, — schlaf in himm - li - scher Ruh. —

2. Stille Nacht, heilige Nacht!
   Gottes Sohn, o wie lacht
   Lieb aus deinem göttlichen Mund,
   da uns schlägt die rettende Stund,
   Christ, in deiner Geburt!
   Christ, in deiner Geburt!

3. Stille Nacht, heilige Nacht!
   Hirten erst kundgemacht!
   Durch der Engel Halleluja
   tönt es laut von fern und nah:
   Christ, der Retter, ist da!
   Christ, der Retter, ist da!

Text: Joseph Mohr
Melodie: Franz Gruber

DAS DREIKÖNIGSFEST

Am 6. Januar feiern wir das Dreikönigsfest. Wir denken an diesem Tag an die Weisen aus dem Morgenland, die den neugeborenen Jesus gesucht haben.

Dies ist ihre Geschichte: Weise Männer aus einem fernen (östlichen) Land sahen einen besonderen Stern. Der strahlte ganz hell und zog am Himmel dahin. „Dieser Stern verkündet, dass der Heiland geboren ist", sagten die Männer.

Die Weisen machten sich auf den Weg, um den Heiland zu suchen. Der Stern führte sie. Über dem Stall von Betlehem blieb er stehen. Dort fanden die Männer das göttliche Kind mit Maria und Josef. Sie knieten sich auf den Boden und beteten es an.

Dann gaben die Männer dem Kind in der Krippe ihre Geschenke: Gold, Weihrauch und Myrrhe. Gold war sehr wertvoll und kostbar, Weihrauch und Myrrhe dufteten besonders gut. Solche Geschenke machte man nur einem König. Und Jesus war ein König!

Bald nach Weihnachten gehen in vielen Orten Jungen und Mädchen als Sternsinger verkleidet von Haus zu Haus. Sie tragen einen Stern mit sich und besuchen die Familien. Sie singen Lieder und sagen Gedichte auf, die die Geschichte von der Geburt Jesu erzählen.

Mit geweihter Kreide schreiben die Sternsinger die Jahreszahl und drei Buchstaben an die Türen der Häuser: C + M + B. Das ist eine Abkürzung für den lateinischen Satz: „Christus mansionem benedicat". Das bedeutet: Christus, segne dieses Haus!

Jesus ist da! Freut euch!

Lieber Gott,
als Jesus in Betlehem geboren war,
kamen ihn viele Menschen besuchen.
Alle wollten Jesus sehen:
die Hirten vom Feld
und die Menschen aus der Stadt.
Auch drei weise Männer aus dem Morgenland
machten Jesus einen Besuch.
Der Stern hatte ihnen den Weg gezeigt.
Die Weisen knieten nieder
und beteten Jesus an.
Sie schenkten ihm alles,
was sie mitgebracht hatten.
Dann zogen sie wieder in ihr Land zurück
und erzählten überall:
Jesus ist da! Freut euch!
Lieber Gott, auch ich freue mich,
dass Jesus zu uns gekommen ist.
Ich danke dir sehr dafür.
Amen.

Sternsinger sind unterwegs

Lieber Gott,
in diesen Tagen sind überall
die Sternsinger unterwegs.
Sie ziehen durch die Straßen
und besuchen die Familien.
Sie singen von der Geburt Christi
und bitten um Geld für die Kinder,
denen es nicht so gut geht wie uns.
An die Türen der Häuser
schreiben die Sternsinger
einen Segensspruch:
Christus, segne dieses Haus!
Wir bitten dich, lieber Gott,
schenke uns und allen Menschen
deinen Segen! Amen.

ASCHERMITTWOCH – FASTENZEIT

Am Aschermittwoch ist der Karneval (Fasching) zu Ende. Beim Gottesdienst macht der Priester mit geweihter Asche ein Kreuz auf unsere Stirn. Er sagt dabei: „Bedenke, Mensch, dass du Staub bist und wieder zum Staub zurückkehren wirst!"

Das heißt: Wir sollen unser Leben immer wieder bessern. Denn wir alle machen viele Fehler. Beim Abendgebet können wir Gott sagen, welche Fehler wir haben.

Am Aschermittwoch fängt die Fastenzeit an. Wir nennen sie auch österliche Bußzeit. Der Priester trägt in dieser Zeit beim Gottesdienst ein violettes Messgewand. Vierzig Tage lang bereiten wir uns auf das größte Fest der Christen – auf Ostern – vor.

Wir können in dieser Zeit auf Dinge verzichten, die wir besonders gern mögen. Wir sollen dabei versuchen, mehr auf das zu achten, was wir sagen, denken und tun, um uns neu auf den Weg zu Gott und den Menschen zu machen.

SEID GUT ZUEINANDER

Lieber Gott,
Jesus hat den Menschen gezeigt,
wie sie leben sollen.
„Seid gut zueinander",
hat er immer wieder gesagt.
„Helft den Menschen, die in Not sind."
„Vergesst die Armen nicht!"
Auch heute gibt es Menschen,
die unsere Hilfe brauchen.

Nicht alle haben genug zu essen.
Viele sind einsam und traurig.
Lieber Gott, in der Fastenzeit wollen
wir besonders an die Menschen denken,
die Hilfe brauchen.
Hilf du ihnen und zeige auch uns,
was wir tun können! Amen.

PASS AUF, KLEINES AUGE

Pass auf, klei-nes Au-ge, was du siehst, pass auf, klei-nes Au-ge, was du siehst. Denn der Va-ter im Him-mel schaut im-mer auf dich, denn der Va-ter im Him-mel hat dich lieb.

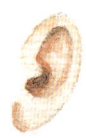 2. Pass auf, kleines Ohr, was du hörst –

 3. Pass auf, kleiner Mund, was du sprichst –

 4. Pass auf, kleine Stirn, was du denkst –

 5. Pass auf, kleine Hand, was du tust –

 6. Pass auf, kleiner Fuß, wohin du gehst –

 7. Pass auf, kleines Herz, wer in dir wohnt –

Text und Melodie: Herkunft unbekann

PALMSONNTAG

 Der Sonntag vor Ostern wird Palmsonntag genannt. Mit ihm beginnt die Karwoche. Das Wort „Kar" ist althochdeutsch und bedeutet Klage, Kummer, Trauer. Wir denken in dieser Woche an das Leiden und Sterben von Jesus.

Am Palmsonntag überwiegt noch die Freude. Wir erinnern uns an diesem Tag an den Einzug Jesu in Jerusalem: Jesus ritt auf einem jungen Esel in die Stadt ein. Die Menschen waren begeistert von ihm, weil er viele Wunder gewirkt und Kranke geheilt hatte. Alle wollten Jesus sehen.

Die Einwohner von Jerusalem empfingen Jesus wie einen König. Sie breiteten ihre Kleider vor ihm auf der staubigen Straße aus. Sie schnitten Zweige von den Bäumen und streuten sie auf den Weg. Sie riefen: „Hosanna dem Sohne Davids!"

Am Palmsonntag nehmen wir Blumen und Zweige (Buchsbaum-, Immergrün-, Wacholder-, Tannen- und Haselzweige) mit in die Kirche. In manchen Gegenden werden die Zweige zu großen „Palmbuschen" festlich gebunden. Mit den Zweigen, die vom Priester geweiht werden, ehren wir Jesus als unseren König.

Nach dem Gottesdienst nehmen wir die geweihten Palmzweige mit nach Hause und hängen sie an einen geeigneten Platz: hinter das Kreuz, über eine Tür, ans Weihwassergefäß ...

GRÜNDONNERSTAG

Am Gründonnerstag erinnern wir uns an das letzte Mahl, das Jesus mit seinen Jüngern gehalten hat.

Jesus saß damals mit den zwölf Jüngern, die immer bei ihm waren, im Saal von Jerusalem und aß und trank mit ihnen. Zuerst nahm er das Brot, segnete es und sprach: „Nehmt und esst! Das ist mein Leib für euch." Dann nahm er den Kelch, segnete ihn und ließ alle Jünger daraus trinken. Er sagte: „Das ist mein Blut für euch."

Jesus wusste, dass er bald sterben musste. Darum sagte er zu seinen Jüngern, sie sollten immer so wie er dieses Mahl feiern: „Tut dies und denkt an mich!" Die Jünger haben es getan. Auch wir tun es, wenn wir im Gotteshaus zur heiligen Messe zusammenkommen.

Nach dem Mahl hat Jesus seinen Jüngern die Füße gewaschen. Er hat sie auch eingeladen einander die Füße zu waschen. Damit wollte er sagen: Helft euch gegenseitig! Steht euch bei, wenn es euch einmal schlecht geht! Verachtet einander nicht!

Das sagt Jesus auch zu uns: Auch wir sollen immer füreinander da sein. Wir sollen keinen allein lassen, der uns braucht.

MIT DEN FREUNDEN GEGESSEN

Lieber Gott,
bevor Jesus gestorben ist,
hat er sich mit seinen Freunden
an den Tisch gesetzt.
Er hat mit ihnen gegessen
und getrunken
und ihnen gesagt,
dass er bald sterben muss.
Die Freunde waren sehr traurig
und konnten es nicht fassen.

Aber Jesus hat sie getröstet.
Er hat ihnen Brot und Wein gegeben
als Zeichen seiner großen Liebe.
Bitte, lieber Gott,
lass uns nicht vergessen,
dass Jesus aus Liebe zu uns Menschen
gestorben ist!
Amen.

KARFREITAG

Am Karfreitag hören wir im Gotteshaus die Geschichte vom Leiden und Sterben Jesu: Es gab viele Menschen, die Jesus nicht mochten. Sie glaubten nicht, was er sagte. Jesus war für sie ein Lügner. Darum verfolgten sie ihn und nahmen ihn gefangen.

Die Leute waren so böse auf Jesus, dass sie ihn vor ein Gericht stellten. Sie fragten ihn: „Bist du Gottes Sohn?" Jesus antwortete ihnen: „Ja, ich bin es." Da wurden sie noch wütender und riefen: „Er soll sterben!"

Jesus musste fürchterliche Schmerzen aushalten. Seine Feinde spuckten ihm ins Gesicht und ohrfeigten ihn. Er wurde blutig geschlagen. Sogar eine Krone mit spitzen Dornen drückte man ihm auf den Kopf.

Jesus wurde zum Tod am Kreuz verurteilt. Man gab ihm das Holzkreuz, an das er geschlagen werden sollte, in die Hand. Es war groß und schwer. Jesus musste es selbst an den Platz tragen, wo er gekreuzigt wurde. Der Platz hieß Golgota.

Zusammen mit zwei Verbrechern wurde Jesus gekreuzigt. Er starb unter großen Schmerzen. Seinen Feinden hat er noch am Kreuz vergeben. Dann legte ein Jünger von Jesus den Leichnam in ein Grab.

Wir danken dir, Herr Jesus Christ,
dass du für uns gestorben bist.

Überliefert

Jesus musste viel leiden

Lieber Gott,
Jesus hatte kein leichtes Leben.
Als er ein kleines Kind war,
lag er in einer Futterkrippe.
Als er ein Mann war,
nagelten sie ihn ans Kreuz.
Jesus musste viel leiden.
Viele Menschen haben ihn gehasst
und ungerecht behandelt.
Jesus hat sie trotzdem geliebt.
Er hat ihnen vergeben.
Seine Liebe war stärker
als alles Böse.
Ich danke dir für deinen Sohn.
Amen.

OSTERN

Ostern ist das höchste Fest im Kirchenjahr. Es ist das Fest aller Feste. Wir feiern die Auferstehung Jesu vom Tod. Wir freuen uns darüber, dass Jesus lebt und nie mehr sterben wird.

Ein Engel sagte den Frauen, die Jesus nach drei Tagen im Grabe suchten: „Er ist nicht mehr hier. Er ist auferstanden! Kommt nur her und seht die Stelle, wo er gelegen hat!" Als die Frauen weggingen, erschien ihnen Jesus auf dem Weg.

Im Gotteshaus ist eine große Osterkerze aufgestellt, die der Priester in der Osternacht am Osterfeuer entzündet hat. Sie ist ein Zeichen für den auferstandenen Jesus. Die fünf roten Wachsnägel bedeuten die fünf Wunden Jesu. Die beiden Buchstaben auf der Kerze sagen uns: Christus ist der Anfang und das Ende.

Beim Ostergottesdienst geht es besonders feierlich zu. Das Gotteshaus ist herrlich geschmückt, die Orgel spielt festliche Musik. Wir hören die Botschaft von Ostern und singen Lieder von der Auferstehung.

Für immer bei dir

Lieber Gott,
dein Sohn ist von den Toten auferstanden.
Du hast ihn auferweckt.
Daran sieht man, wie mächtig du bist.
Du wirst auch uns auferwecken,
wenn wir einmal gestorben sind:

meine Großeltern, meine Eltern,
meine Geschwister und mich.
Wir dürfen dann für immer bei dir sein.
Du willst uns alle glücklich machen.
Darüber freue ich mich.
Du bist ein guter Gott. Ich danke dir.
Amen.

Lobet und preiset, ihr Völker, den Herrn

Kanon

1. Lo - bet und prei - set, ihr Völ - ker, den Herrn;
2. freu - et euch sei - ner und die - net ihm gern.
3. All ihr Völ - ker, lo - bet den Herrn.

Text und Melodie: mündlich überliefert

Ich will sein Freund sein

Lieber Gott, heute feiern wir Ostern.
Jesus war tot und ist wieder
von den Toten auferstanden.
Ich freue mich darüber, dass Jesus lebt

und nie mehr sterben wird.
Ich bitte dich, lieber Gott:
Lass Jesus immer bei mir sein!
Ich will sein Freund sein. Amen.

DAS MACHT MICH RICHTIG FROH

Lieber Gott,
zu Ostern ist es bei uns zu Hause
besonders schön.
Wir stellen Blumen auf den Tisch.
Wir suchen im Garten Ostereier.
Wir essen Torte und Kuchen.
Wir machen einen Spaziergang.
Wir haben großen Spaß.
Wir sind fröhlich.
Dabei wollen wir nicht vergessen,
warum wir Ostern feiern:
Jesus ist von den Toten auferstanden!
Jesus lebt und ist bei uns.
Das macht mich richtig froh. Amen.

DANKET, DANKET DEM HERRN

Kanon

Dan - ket, dan - ket＿ dem＿ Herrn,
denn er ist so freund - lich; sei - ne
Güt und Wahr - heit wäh - ret＿ e - wig - lich.

Text und Melodie: 18. Jahrhundert

Durch das Kirchenjahr

CHRISTI HIMMELFAHRT

Vierzig Tage nach Ostern feiern wir das Fest Christi Himmelfahrt. Wir denken daran, dass Jesus nach seinem Tod und seiner Auferstehung zu seinem Vater in den Himmel zurückgekehrt ist.

Beim Evangelisten Lukas lesen wir: „Jesus führte die Jünger hinaus in die Nähe von Betanien. Dort erhob er seine Hände und segnete sie. Und während er sie segnete, verließ er sie und wurde zum Himmel emporgehoben."

Die Apostel erzählten darauf allen Menschen in der Welt von Jesus. Sie sagten ihnen, was Jesus gesagt und getan hatte. Sie berichteten ihnen, dass er von den Toten auferstanden ist, jetzt beim Vater im Himmel wohnt und eines Tages wieder kommen wird.

Auch wir sollen anderen von Jesus erzählen. Wir sollen ihnen sagen, was er gesagt und getan hat. Vor allem sollen wir weitererzählen, wie gut Jesus gewesen ist und dass er uns alle glücklich machen will.

In einigen Gegenden gibt es am Fest Christi Himmelfahrt festliche Prozessionen. Die Menschen ziehen betend und singend durch Wiesen und Felder. Sie bitten Gott um seinen Segen für Arbeit und tägliches Brot, um Sicherheit auf der Straße und Frieden in der Gemeinde.

Kommt herbei, singt dem Herrn

V/A: Kommt her - bei, singt dem Herrn, ruft ihm zu, der uns be-freit.

V: Sin - gend lasst uns vor ihn tre - ten, mehr als Wor - te sagt ein Lied.

A: Sin - gend lasst uns vor ihn tre - ten, mehr als Wor - te sagt ein Lied.

2. |: Er ist Gott, Gott für uns, / er allein ist letzter Halt. :|
   |: Überall ist er und nirgends, / Höhen, Tiefen, sie sind sein. :|

3. |: Ja, er heißt: Gott für uns; / wir die Menschen, die er liebt. :|
   |: Darum können wir ihm folgen, / können wir sein Wort verstehn. :|

4. |: Menschen, kommt, singt dem Herrn, / ruft ihm zu, der uns befreit. :|
   |: Singend lasst uns vor ihn treten, / mehr als Worte sagt ein Lied. :|

Text: Diethard Zils nach Psalm 95
Melodie: Volkslied aus Israel

PFINGSTEN

Fünfzig Tage nach Ostern feiern wir Pfingsten. Dieses Fest ist eines der großen christlichen Feste. Seit dem 2. Jahrhundert wird es schon gefeiert. Das Fest erinnert uns daran, wie Jesus seinen Jüngern seinen Geist geschickt hat.

Die Bibel erzählt uns, wie es beim ersten Pfingstfest war: Die Apostel, die Freunde von Jesus, waren in einem Haus in Jerusalem. Jesus war nicht mehr bei ihnen. Die Apostel hatten Angst. Sie beteten zusammen. Da kam plötzlich der Heilige Geist auf sie herab.

Die Apostel waren überrascht. Sie hatten auf einmal keine Angst mehr. Sie begannen in verschiedenen Sprachen zu reden. Sie riefen laut auf den Straßen: „Jesus lebt! Jesus hat uns lieb! Jesus ist unser Freund!" Alle sollten diese Botschaft hören.

Am Pfingstfest trägt der Priester beim Gottesdienst ein rotes Messkleid. Rot ist in der Kirche die Farbe des Heiligen Geistes. Der Heilige Geist, der Geist Gottes, wirkt auch heute noch in seiner Kirche.

Durch das Kirchenjahr

SCHICKE UNS DEINEN GEIST

Lieber Gott,
fünfzig Tage nach Ostern
feiern wir Pfingsten.
Wir bitten dich, guter Gott:
Schicke uns deinen Geist!
Wir wollen wie die Apostel
stark und mutig werden.
Wir wollen Jesus treu bleiben.
Wir wollen dich,
lieber Vater im Himmel,
von Herzen lieb haben.
Dein Geist kann uns dabei helfen.
Amen.

GIB UNS VIEL KRAFT

Lieber Gott,
manchmal fällt es uns schwer
gut zu sein.
Wir streiten uns,
wir haben Angst,
wir schlagen die Türe zu,
wir sprechen nicht miteinander.
Wir bitten dich, lieber Gott:
Gib uns viel Kraft!
Gib uns deinen Heiligen Geist!
Dann wird unser Leben gut,
weil du uns nahe bist.
Amen.

Durch das Kirchenjahr

Unser Leben sei ein Fest

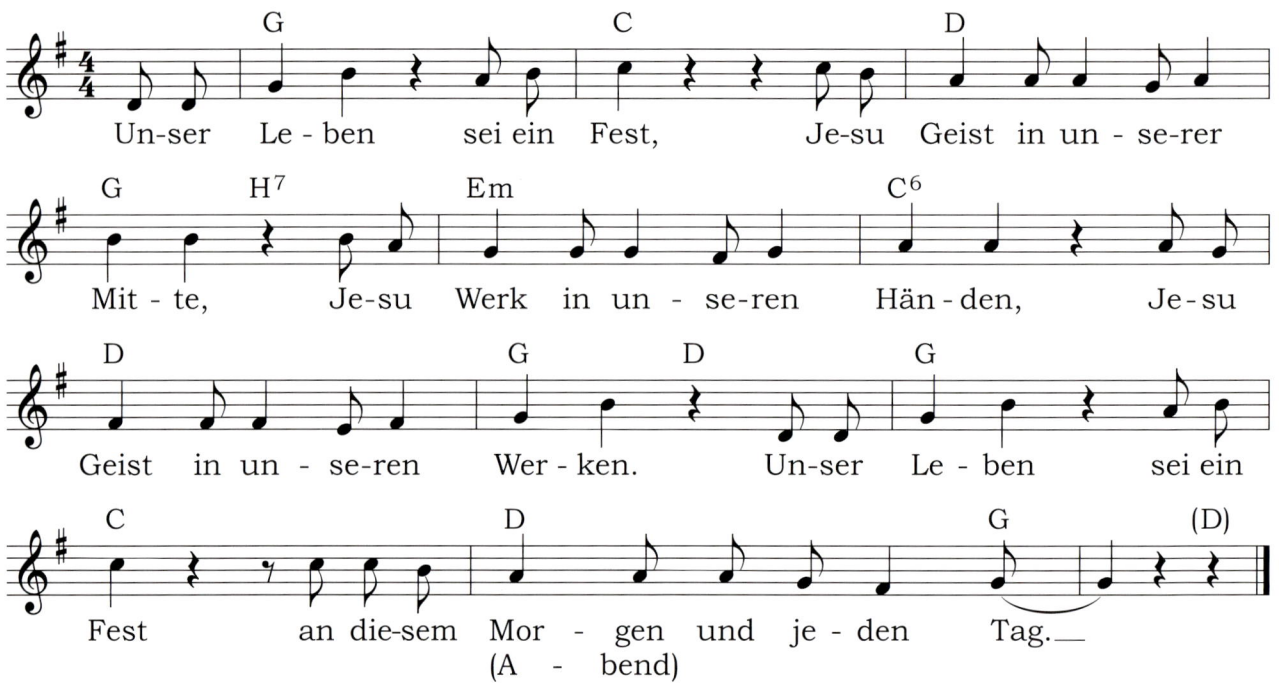

Un-ser Le - ben sei ein Fest, Je-su Geist in un - se-rer

Mit - te, Je-su Werk in un - se-ren Hän - den, Je-su

Geist in un - se-ren Wer - ken. Un-ser Le - ben sei ein

Fest an die-sem Mor - gen und je - den Tag.__
(A - bend)

Text: Josef Metternich Team
Musik: Peter Janssens
Aus: Wir haben einen Traum, 1972
© Peter Janssens Musik Verlag,
Telgte-Westfalen

Durch das Kirchenjahr

FRONLEICHNAM

Eineinhalb Wochen nach Pfingsten ist das Fronleichnamsfest. Fronleichnam ist ein schwieriges Wort. Fron bedeutet „Herr" und Leichnam einfach „Leib". Fronleichnam ist also das Fest vom Leib des Herrn, vom Leib Jesu. Wir können auch sagen: das Fest vom heiligen Brot.

Wir ziehen an diesem Tag in einer feierlichen Prozession durch die Straßen unserer Städte und Dörfer. Der Priester trägt in einer Monstranz den Leib Jesu, das heilige Brot. Ihm folgen Kinder und Erwachsene in einem langen Zug.

Die Häuser sind mit Blumen und roten Tüchern, Bildern und Fahnen geschmückt. An den Straßen stehen häufig Birkenbäume mit kleinen Fähnchen. Blumenteppiche zieren die Altäre, an denen die Prozession Halt macht.

Vor jedem Altar hält der Priester an und betet. Er zeigt uns in der Monstranz das heilige Brot und segnet uns. Wir beten Jesus im heiligen Brot an. Wir danken ihm, dass er uns darin nahe ist. Wir bitten ihn, immer mit uns zu gehen.

Nach der Prozession bringt der Priester das heilige Brot in das Gotteshaus zurück. Er bewahrt es im Tabernakel auf. Wenn wir am Tabernakel vorbeigehen, machen wir eine Kniebeuge. Wir grüßen Jesus im heiligen Brot.

HIMMELSAU, LICHT UND BLAU

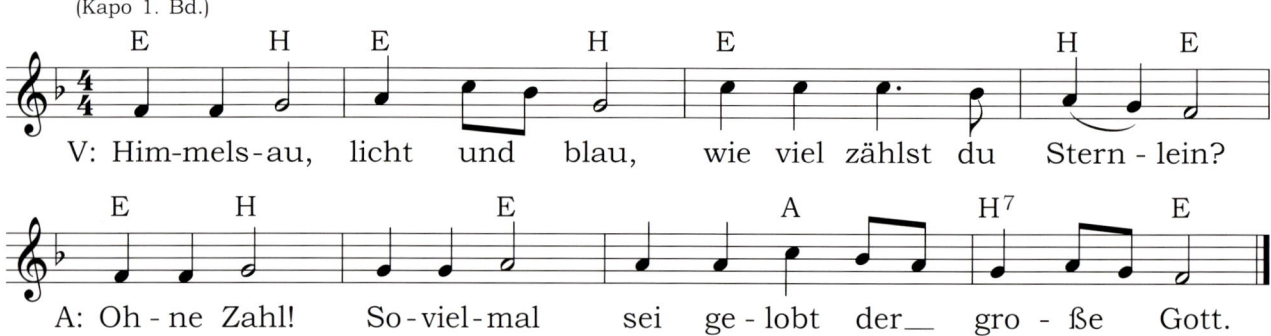

(Kapo 1. Bd.)

V: Him-mels-au, licht und blau, wie viel zählst du Stern-lein?

A: Oh-ne Zahl! So-viel-mal sei ge-lobt der__ gro-ße Gott.

2. V: Gottes Welt, wohl bestellt, wie viel zählst du Stäublein?
   A: Ohne Zahl! Sovielmal sei gelobt der große Gott.

3. V: Sommerfeld, uns auch meld, wie viel zählst du Gräslein?
   A: Ohne Zahl! Sovielmal sei gelobt der große Gott.

4. V: Dunkler Wald, wohlgestalt, wie viel zählst du Zweiglein?
   A: Ohne Zahl! Sovielmal sei gelobt der große Gott.

5. V: Tiefes Meer, weit umher, wie viel zählst du Tröpflein?
   A: Ohne Zahl! Sovielmal sei gelobt der große Gott.

6. V: Sonnenschein, klar und rein, wie viel zählst du Fünklein?
   A: Ohne Zahl! Sovielmal sei gelobt der große Gott.

7. V: Ewigkeit, lange Zeit, wie viel zählst du Stündlein?
   A: Ohne Zahl! Sovielmal sei gelobt der große Gott.

Text und Melodie: überliefert

Durch das Kirchenjahr

DAS FEST DER HEILIGEN
PETRUS UND PAULUS

In vielen Gotteshäusern sehen wir Figuren von den beiden Aposteln Petrus und Paulus. Petrus hält zwei Schlüssel in der Hand, Paulus ein Schwert.

Petrus stammte aus dem Dorf Betsaida in der Nähe des Sees Gennesaret. Als er Jesus kennenlernte, war er so begeistert, dass er alles verließ und mit Jesus ging. Jesus machte Petrus zu seinem Apostel, später zum Ersten aller Apostel und zum Leiter der Kirche.

Petrus predigte und lehrte, bekehrte und taufte die Menschen. Mehrmals wurde er verhaftet und ins Gefängnis geworfen. Schließlich starb er wie Jesus den Tod am Kreuz.

Paulus hieß zuerst Saulus. Er war ein gläubiger Jude und von Beruf Zeltmacher. Eifersüchtig verfolgte er die Christen und brachte viele ins Gefängnis. Eines Tages hörte er eine Stimme: „Saulus, warum verfolgst du mich?" Es war Jesus, der ihn rief.

Saulus wurde Christ, nannte sich jetzt Paulus und stellte sein Leben ganz in den Dienst Jesu. Er reiste zu vielen Völkern und verkündete das Evangelium. In Rom wurde er von seinen Feinden mit dem Schwert enthauptet.

Am Fest Peter und Paul (29. Juni) werden häufig junge Männer zu Priestern geweiht. Sie sollen wie Petrus und Paulus für das Reich Gottes auf Erden arbeiten.

DAS FEST DES HEILIGEN CHRISTOPHORUS

Es gibt viele Bilder vom heiligen Christophorus. Meist ist er darauf in übergroßer Gestalt dargestellt. Mit einem Stab in der Hand durchschreitet er einen Fluss. Auf seinen Schultern trägt er das Jesuskind.

Diese Darstellung geht auf eine Legende zurück: Bevor Christophorus Christ wurde, suchte er in allen Ländern den höchsten und mächtigsten Herrn der Erde. Aber wohin er auch kam, nirgendwo fand er ihn.

Dann ließ sich Christophorus eines Tages an einem gefährlichen Fluss nieder. Dort trug er Menschen, die über den Fluss wollten, durch die Fluten. Einmal kam ein Kind und wollte hinübergetragen werden. Christophorus nahm es auf die Schultern. Als er mitten im Fluss war, wurde das Kind so schwer, dass er es kaum noch tragen konnte. Nur mit großer Mühe brachte er es an das andere Ufer.

Dort sprach das Kind: „Was du auf deinen Schultern getragen hast, war schwerer als die ganze Welt. Ich bin Christus, der Herr der Welt. Ich bin der mächtige König, den du suchst."

Christophorus freute sich über die Worte des Kindes. Von diesem Tag an wurde er ein treuer Diener des großen Königs Jesus Christus. Das Fest des Heiligen feiern wir am 24. Juli.

ERNTEDANK

Am ersten Sonntag im Oktober feiern wir das Erntedankfest. Die Arbeit auf dem Feld ist beendet, die Früchte sind überall geerntet. Da danken wir Gott für die Gaben, die wir von ihm bekommen haben.

Am Erntedankfest sind viele Kirchen besonders schön geschmückt. Oft ist ein Erntealtar aufgebaut. Darauf liegen Äpfel und Birnen, Korn und Brot, Kürbisse und Gurken, Tomaten und Trauben, Nüsse und Blumen.

Die Ernte ist ein Geschenk aus Gottes Hand. Wir danken Gott in Gebet und Lied für die vielen Früchte, die er hat wachsen lassen. Wir danken ihm, dass wir das ganze Jahr hindurch zu essen und zu trinken haben.

Am Erntedankfest danken wir Gott aber nicht nur für Essen und Trinken. Wir danken ihm auch dafür, dass wir gute Eltern und Großeltern haben, dass wir jede Nacht gut schlafen, dass wir jeden Tag in den Kindergarten oder in die Schule gehen können, dass wir so viele schöne Dinge besitzen ... Alles, was wir haben, verdanken wir Gott.

Am Erntedanktag denken wir auch an die Menschen, denen es nicht so gut geht wie uns. Besonders denken wir an die, die nicht genug zu essen und zu trinken haben. Wir überlegen in der Familie, wie wir ihnen helfen können.

DU HAST ALLES GESCHAFFEN

Lieber Gott,
du hast alles geschaffen:
die Sonne und den Mond,
die Sterne und die Wolken,
die Blumen und die Bäume,
die Wiesen und die Sträucher,
die Vögel und die Schmetterlinge.
Ich danke dir, lieber Gott,
für all das Schöne.
Ich kann es jeden Tag
mit meinen Augen sehen
und mich freuen.
Du bist ein großer und guter Gott!
Amen.

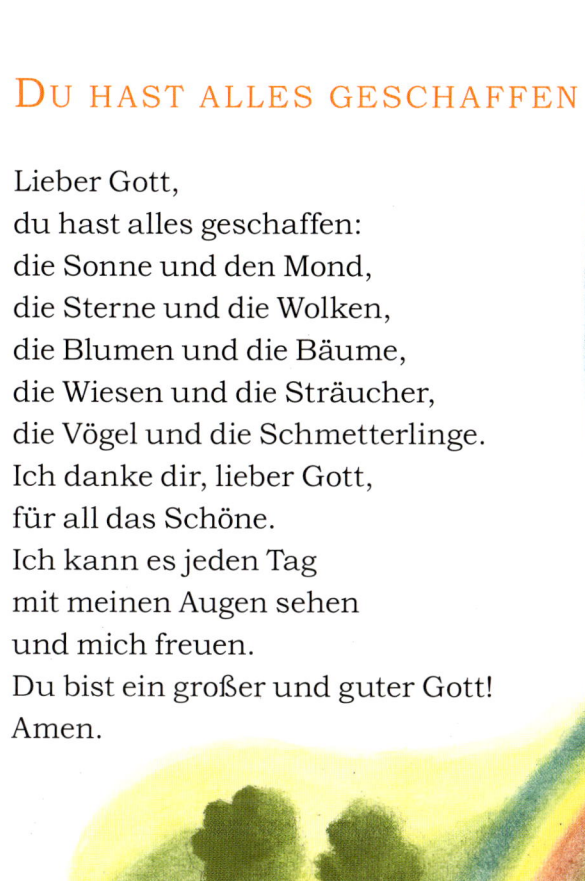

SCHÖN IST DIE ERDE

Schön ist die Erde,
schön ist der Himmel,
schön sind die Menschen!
Und ich lobe dich,
guter Gott,
für alles Schöne
auf der Erde!

Von Indianern in Amerika

Durch das Kirchenjahr

Du behütest Mensch und Tier

Unser blaues Himmelszelt,
Sonne, Mond und Tag und Nacht,
unsere weite schöne Welt
hast du, lieber Gott, gemacht.

Sonnenblumen und der Baum,
Pflanzen, Menschen, jedes Tier,
Weinen, Lachen und mein Traum,
lieber Gott, das kommt von dir.

Du schenkst Regen, Frost und Eis
und den Sommer, hell und heiß.
Du behütest Mensch und Tier,
guter Gott, wir danken dir.

Jedem Tier
gibst du zu essen

Jedem Tier gibst du zu essen,
jede Blume trinkt von dir.
Hast auch meiner
nicht vergessen,
lieber Gott, ich danke dir.

Danke für die gute Ernte

Lieber Gott,
am Erntedankfest bringen wir
schöne Dinge zum Essen und Trinken
mit in die Kirche.
Wir bringen Brot und Trauben,
Äpfel und Nüsse,
Erbsen und Möhren,
Milch und Honig.
Wir legen alles auf den Altar.
Wir danken dir für die gute Ernte.
Wir danken dir,
dass wir jeden Tag zu essen
und zu trinken haben.
Amen.

Dank dir, Herr

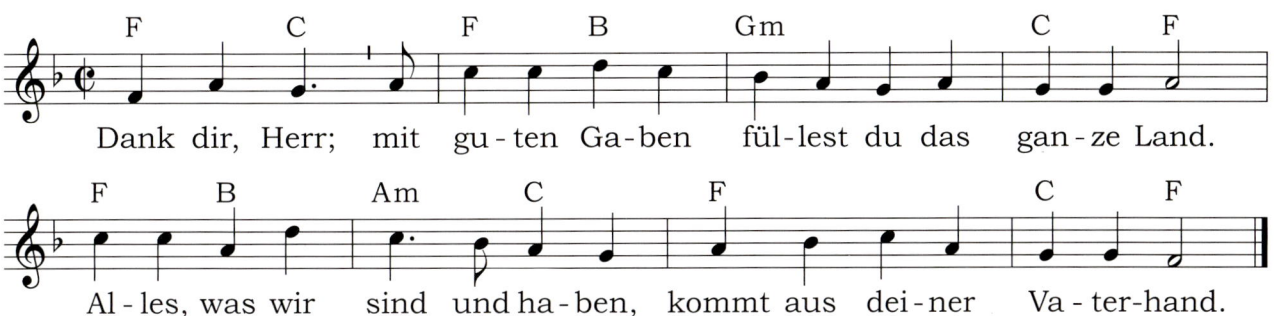

Dank dir, Herr; mit gu-ten Ga-ben
ful-lest du das gan-ze Land.

Al-les, was wir sind und ha-ben,
kommt aus dei-ner Va-ter-hand.

Text: Volksgut
Melodie: Liselotte Rockel

Du bist gross und gut

Lieber Gott,
du bist groß und gut.
Du hast Himmel und Erde erschaffen.
Du hast die Sonne gemacht,
die unsere Erde hell und warm macht.
Du lässt das Korn wachsen,
damit wir genug Brot bekommen.
Von dir kommen die bunten Blumen,
die im Sonnenschein leuchten
und unser Herz erfreuen.

Du hast auch die Tiere erschaffen:
die im Wald und die bei uns zu Hause.
Lieber Gott, auch die Menschen
kommen von dir.
Darüber freue ich mich.
Amen.

Durch das Kirchenjahr

Das Fest des heiligen Franziskus von Assisi

Die Heimat des heiligen Franziskus war Italien. Hier wurde er 1182 als Sohn eines reichen Kaufmanns geboren. In seiner Jugend feierte er große Feste und lebte in Saus und Braus. Überall wollte er der Größte sein.

Das änderte sich, als Franziskus eines Tages schwer krank wurde. Er entschloss sich, ganz arm zu werden und nur noch unter den Armen zu leben. Sein Vorbild war der arme Jesus von Nazaret. In einer Kapelle las er die Worte: „Wer vollkommen sein will, muss alles verkaufen, was er hat, und dann Jesus nachfolgen."

Franziskus legte seine schönen Kleider ab und zog eine einfache Kutte an. Er schenkte sein Geld den Armen und Bedürftigen und pflegte Kranke und Aussätzige. Er wollte der Geringste unter allen sein.

Bald sammelten sich junge Leute um Franziskus. Sie wollten wie er arm und einfach leben und Jesus nachfolgen. Aus dem zuerst kleinen Kreis wurde später ein großer Orden, die „Franziskaner".

Mit 42 Jahren zog sich „Bruder Franz" in die Einsamkeit zurück. Er fühlte sich so sehr mit Jesus verbunden, dass sich dessen Wundmale auch an seinem Körper zeigten. Franziskus starb im Jahre 1226. Sein Fest feiern wir am 4. Oktober.

Allerheiligen – Allerseelen

Am 1. November feiern wir das Fest Allerheiligen. Wir denken an diesem Tag an alle Heiligen, die Gott seiner Kirche geschenkt hat und die uns als gute Freunde begleiten.

Einen Tag nach Allerheiligen (2. November) ist das Fest Allerseelen. An diesem Tag denken wir an alle Verstorbenen. Viele Menschen gehen an Allerseelen (oder schon am Nachmittag des Allerheiligentages) auf den Friedhof. Dort besuchen sie die Gräber ihrer toten Angehörigen und schmücken sie mit Blumen, Kränzen oder Zweigen.

Einige Leute stellen kleine Lampen oder Laternen auf die Gräber ihrer verstorbenen Verwandten. Andere geben Weihwasser auf das Grab. Licht und Wasser sind Zeichen des Lebens. Wir hoffen, dass unsere Verstorbenen in das ewige Leben kommen.

Am Allerseelentag beten wir für unsere verstorbenen Verwandten und Freunde.

In manchen Gegenden zieht an Allerseelen eine Prozession über den Friedhof. Der Priester, die Ministranten und ein Chor gehen betend und singend durch die Grabreihen. Der Priester segnet dabei die Gräber und bittet für die Verstorbenen.

Die Heiligen haben auf Jesus gehört

Lieber Gott,
am Fest Allerheiligen
denken wir an alle Heiligen.
Die Heiligen haben auf Jesus gehört.
Sie haben getan, was Jesus gesagt hat.
Sie haben im Leben viel Gutes getan.

Nun dürfen sie bei dir sein
und sind für immer froh und glücklich.
Lieber Gott, hilf mir,
dass ich dich genauso liebe
wie die Heiligen!
Amen.

GOTT BAUT EIN HAUS, DAS LEBT

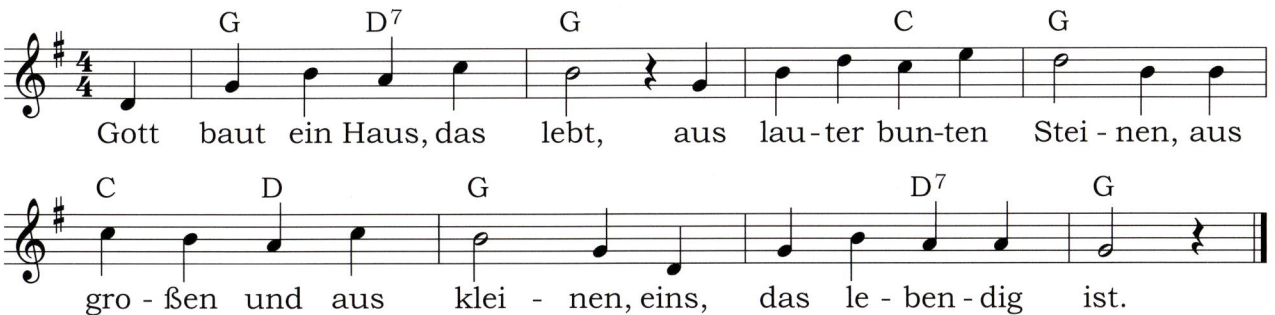

Gott baut ein Haus, das lebt, aus lau-ter bun-ten Stei-nen, aus gro-ßen und aus klei-nen, eins, das le-ben-dig ist.

2. Gott baut ein Haus, das lebt; / wir selber sind die Steine, / sind große und auch kleine, / du, ich und jeder Christ.

3. Gott baut ein Haus, das lebt, / aus ganz, ganz vielen Leuten, / die in verschiednen Zeiten / hörten von Jesus Christ.

4. Gott baut ein Haus, das lebt; / er sucht in allen Ländern, / die Menschen zu verändern, / wie's dafür passend ist.

5. Gott baut ein Haus, das lebt, / er selbst weist dir die Stelle, / in Ecke, Mauer, Schwelle, / da, wo du nötig bist.

6. Gott baut ein Haus, das lebt; / er gibt dir auch das Können, / lässt dir den Auftrag nennen, / damit du nützlich bist.

7. Gott baut ein Haus, das lebt. / Wir kennen seinen Namen / und wissen auch zusammen, / dass es die Kirche ist.

Text und Melodie: Waltraud Osterlad

LASS ALLE TOTEN BEI DIR LEBEN

Lieber Gott,
jeden Tag sterben irgendwo Menschen.
Viele sterben auf der Straße,
weil sie einen Verkehrsunfall hatten.
Andere sterben im Krankenhaus,
weil sie sehr krank sind.
Einige sterben im Altenheim,
weil sie schon sehr alt sind.
Auch viele Kinder müssen sterben,
weil sie nichts zu essen haben
oder weil in ihrem Land Krieg ist.
Lieber Gott, wir glauben,
dass alle Toten bei dir sind.
Lass sie für immer bei dir leben!
Amen.

GIB IHNEN DIE EWIGE RUHE

Herr, gib unseren Toten
die ewige Ruhe
und das ewige Licht
leuchte ihnen!
Herr, lass sie ruhen
in Frieden!
Amen.

Aus der Liturgie

Durch das Kirchenjahr

WIR SIND AUF DEM FRIEDHOF

Lieber Gott,
wir sind heute auf dem Friedhof.
Hier ruhen die Menschen,
die schon gestorben sind.
Wir besuchen ihre Gräber
und beten für sie.
Wir danken ihnen für alle Liebe.
Auch du, lieber Gott,
vergisst die Verstorbenen nicht.
Du gibst ihnen ein neues Leben.
Wir können uns nicht vorstellen,
wie dieses Leben aussieht,
aber wir wissen:
Du hältst, was du versprichst.
Danke, lieber Gott! Amen.

ZUM LEBEN ERWECKT

Guter Gott,
du hast Jesus zum Leben erweckt.
Ich weiß, wenn ich einmal sterbe,
wirst du auch mich
zum Leben erwecken.
Ich danke dir dafür.
Amen.

Judith, 9 Jahre

ICH BIN SEHR TRAURIG

Lieber Gott,
meine Oma (mein Opa) ist gestorben.
Du hast sie (ihn) zu dir geholt.
Jetzt bin ich sehr traurig,
weil ich so schön
mit ihr (ihm) spielen konnte.
Oma (Opa) war oft mit mir spazieren
oder hat mir spannende
Geschichten erzählt.
Ich bitte dich, lieber Gott:
Hab du meine Oma (meinen Opa) lieb!
Lass sie (ihn) immer
bei dir glücklich sein!
Amen.

DAS FEST DES HEILIGEN MARTIN

Martin war der Sohn eines hohen römischen Offiziers. Im Jahre 316 wurde er in Pannonien, im heutigen Ungarn, geboren. Wie sein Vater wurde auch Martin Soldat.

Einmal ritt er an einem Winterabend in die Stadt Amiens in Frankreich. Am Stadttor sah er einen Bettler frierend im Schnee sitzen. Kurz entschlossen zog Martin sein Schwert, zerschnitt seinen Offiziersmantel und gab die eine Hälfte davon dem armen Mann.

Mit 18 Jahren erfuhr Martin von Jesus Christus und entschloss sich Christ zu werden und sich taufen zu lassen. Er verließ die Armee und nahm sich vor, nur noch für Jesus da zu sein.

Bald darauf wurde Martin Priester und später Bischof von Tours. Er verkündete das Evangelium allen Menschen, den einfachen Leuten und den mächtigen Herrschern. Er baute mehrere Kapellen und Klöster und achtete darauf, dass die Lehre Jesu nicht verfälscht wurde. Besonders half er den Armen.

Heute gibt es in vielen Gegenden am Martinstag (11. November) Laternenumzüge. Sie erinnern an den beliebten Bischof und an seine vielen guten Taten. Zahlreiche Menschen, Kirchen, Klöster und Einrichtungen tragen den Namen des heiligen Martin.

SANKT MARTIN RITT DURCH SCHNEE UND WIND

Sankt Mar - tin, Sankt Mar - tin, Sankt Mar - tin ritt durch
Schnee und Wind, sein Ross, das trug ihn
fort ge - schwind, Sankt Mar - tin ritt mit
leich - tem Mut; sein Man - tel deckt ihn warm und gut.

2. Im Schnee saß, im Schnee saß, im Schnee, da saß ein armer Mann,
hatt Kleider nicht, hatt Lumpen an.
„O helft mir doch in meiner Not,
sonst ist der bittre Frost mein Tod."

3. Sankt Martin, Sankt Martin, Sankt Martin zieht die Zügel an,
sein Ross steht still beim armen Mann.
Sankt Martin mit dem Schwerte teilt
den warmen Mantel unverweilt.

4. Sankt Martin, Sankt Martin, Sankt Martin gibt den halben still,
der Bettler rasch ihm danken will.
Sankt Martin aber ritt in Eil
hinweg mit seinem Mantelteil.

Text und Melodie: überliefert

Durch das Kirchenjahr

Lass uns von dir lernen

Lieber heiliger Martin,
du lebst jetzt bei Gott und hörst uns,
wenn wir mit dir sprechen.
Vor langer Zeit hast du gelebt.
Du warst ein großer Freund der Menschen.
Vielen hast du geholfen,
besonders denen, die in Not waren.
Du hast den Menschen von Gott erzählt
und ihnen die gute Botschaft gebracht.
Da wurde ihr Leben ganz hell.
Heiliger Martin, wenn wir mit unseren Laternen
durch die Straßen ziehen,
denken wir an dich.
Lass uns von dir lernen!
Amen.

Schenken macht froh

Lieber Gott,
es ist schön,
wenn ich anderen
etwas schenken darf:
der Mama ein paar Blumen,
dem Papa ein gemaltes Bild,
meinem kleinen Bruder ein Bilderbuch,
meinem Freund ein Stück Schokolade ...
Schenken macht froh,
lieber Gott.
Bitte, lass mich oft erleben,
wie schön es sein kann,
wie der heilige Martin
andere froh zu machen!
Amen.

Laterne, Laterne

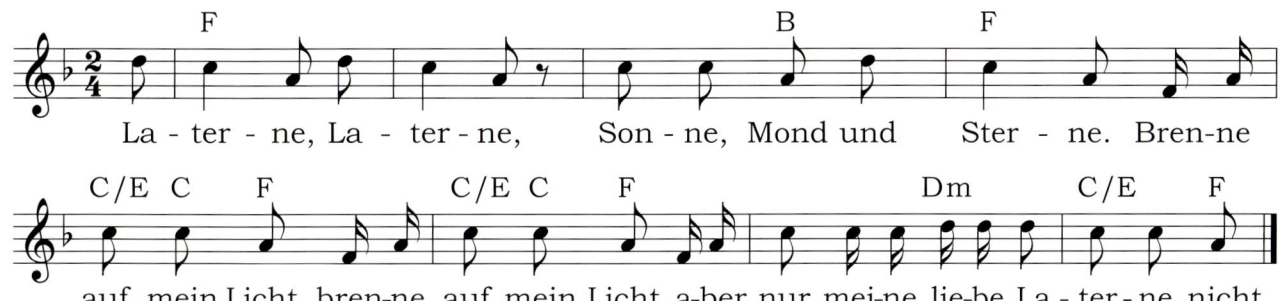

F B F
La - ter - ne, La - ter - ne, Son - ne, Mond und Ster - ne. Bren-ne
C/E C F C/E C F Dm C/E F
auf, mein Licht, bren-ne auf, mein Licht, a-ber nur mei-ne lie-be La - ter - ne nicht.

Text und Melodie: aus Holstein

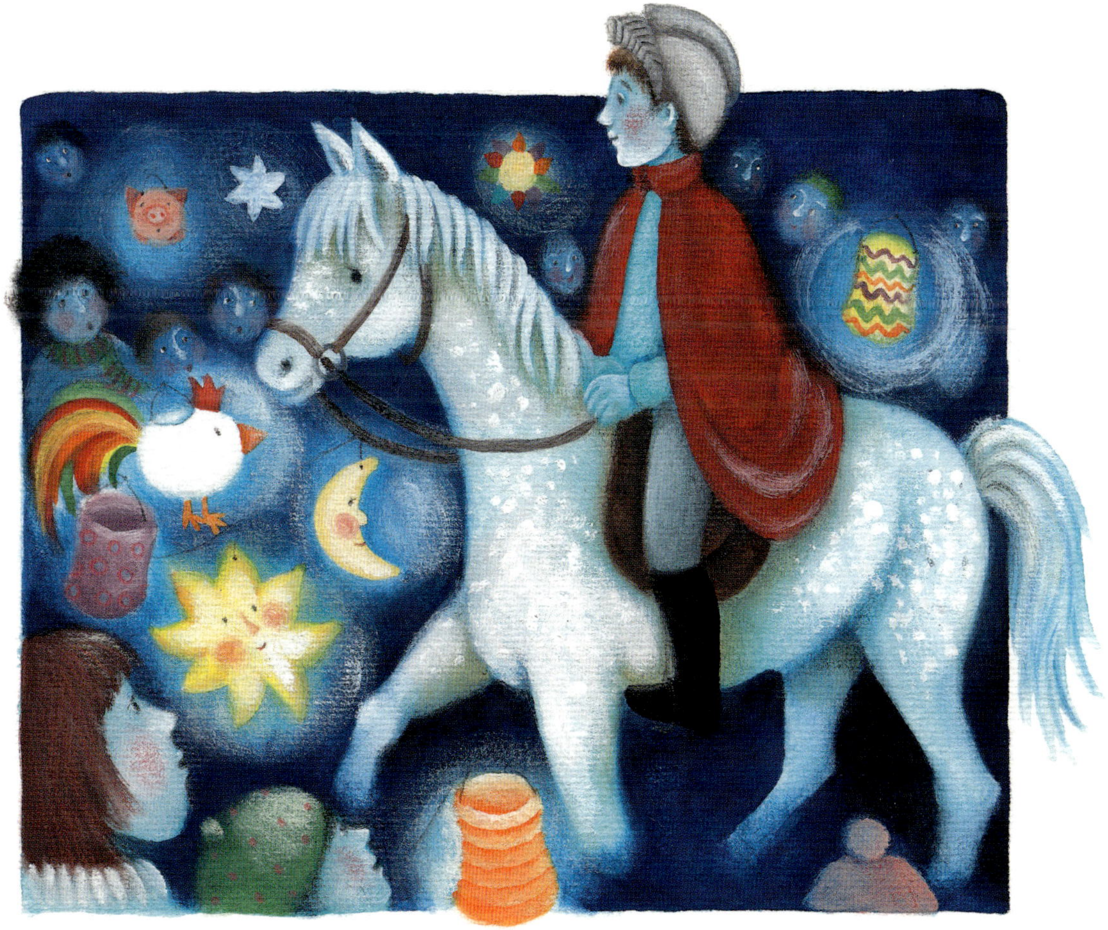

Das Fest der heiligen Elisabeth von Thüringen

Elisabeth war eine ungarische Königstochter. Mit vier Jahren kam sie aus ihrer Heimat nach Thüringen auf die prächtige Wartburg. Dort wurde sie erzogen und heiratete später den Landgrafen Ludwig. Sie lebte glücklich mit ihm und schenkte drei Kindern das Leben.

Als Burgherrin und Gräfin war Elisabeth sehr reich. Sie hatte alles, was das Herz begehrte. Aber sie fand es ungerecht, dass das Volk so arm war und dass die Ritter auf der Burg das schönste Leben führten. Deshalb kümmerte sie sich ganz besonders um die Armen. Das ärgerte ihre hohen Verwandten, denn sie verachteten die einfachen Leute.

Als Elisabeth wieder einmal eine Schürze voller Brot aus der Burg trug, das sie den Armen bringen wollte, wurde sie von ihrem Mann aufgehalten. Er schimpfte mit ihr und wollte das Brot in ihrer Schürze sehen. Aber als Elisabeth ihre Schürze öffnete, hatte sich das Brot darin in lauter Rosen verwandelt.

Eines Tages zog Landgraf Ludwig in den Krieg nach Süditalien. Dort starb er an der Pest. Elisabeths Trauer war unbeschreiblich groß. Die neuen Burgherren betrogen die Gräfin um ihr Erbe und trieben sie mit ihren Kindern aus dem Land.

Unterkunft fand Elisabeth bei ihrem Onkel, dem Bischof von Marburg. Mit dem Geld, das sie noch hatte, gründete sie ein großes Krankenhaus und pflegte dort die Armen und Kranken. Bald wurde Elisabeth selber krank und starb mit 24 Jahren. Ihr Fest feiern wir am 19. November.

Elisabeth war ein schönes Kind

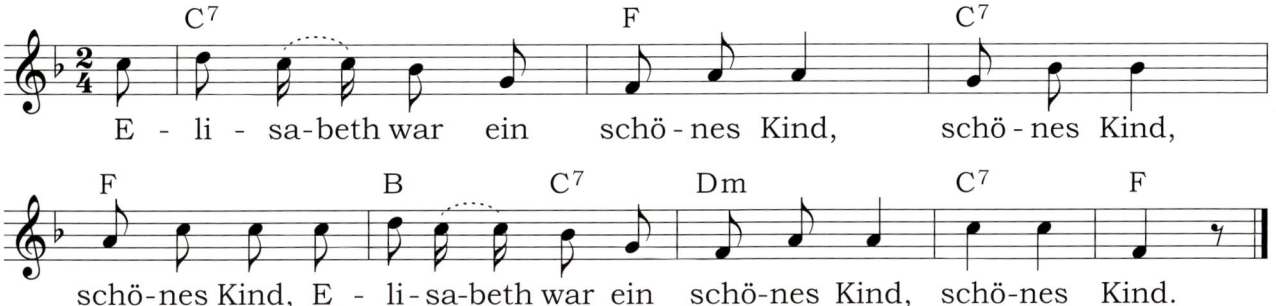

E - li - sa-beth war ein schö - nes Kind, schö - nes Kind,
schö - nes Kind, E - li-sa-beth war ein schö - nes Kind, schö - nes Kind.

2. Da kam der junge Fürstensohn ...
3. Da feierten sie ein Hochzeitsfest ...
4. Sie lebten glücklich manches Jahr ...
5. Elisabeth vergaß die Armen nicht ...
6. Sie brachte ihnen Brot und Kleid ...
7. Da starb der treue Fürst gar bald ...
8. Elisabeth schrie und weinte laut ...
9. Dann wurd sie still und trauerte viel ...
10. Sie wollte nicht mehr Fürstin sein ...
11. Sie ging ganz zu den Armen fort ...
12. Dann baute sie ein Krankenhaus ...
13. Sie sorgte für die Menschen all ...
14. Und immer war sie fröhlich sehr ...
15. So loben wir dich heute noch ...
16. Und tanzen in dem Kreis für dich ...

Text: Hermine König
Melodie: Volksweise

Durch das Kirchenjahr

GUT ZU ALLEN MENSCHEN

Lieber Gott,
die heilige Elisabeth
hat allen Menschen Gutes getan:
Sie hat die Traurigen getröstet,
die Kranken gepflegt,
den Hungrigen zu essen gegeben.
Lieber Vater im Himmel,
auch ich will
zu allen Menschen gut sein.
Bitte, hilf mir dabei!
Amen.

SONNTAG IST HEUTE

MIT DEN ELTERN IN DIE KIRCHE

Lieber Gott,
draußen ist es ganz still.
Heute ist Sonntag.
Mama und Papa gehen mit mir
in die Kirche.
Dort will ich mit dir sprechen
und dir schöne Lieder singen.
Ich bitte dich:
Lass mich nie vergessen,
dass du mich liebst!
Amen.

ICH WILL DIR GANZ NAHE SEIN

Lieber Gott,
mit meinen Eltern bin ich heute
in dein Haus gekommen.
Hier will ich dir ganz nahe sein.
Ich will mit dir sprechen
und dir alles sagen,
was mir auf dem Herzen liegt.
Ich sehe dich zwar nicht,
aber ich weiß,
dass du mich siehst.

Ich kann dich nicht hören,
aber ich bin sicher,
dass du mich hörst.
Bleibe immer bei mir, lieber Gott!
Bleibe besonders bei den Menschen,
die dich sehr nötig haben!
Ich danke dir.
Amen.

Sonntag ist heute

DER TAG DES HERRN

Lieber Gott,
der Sonntag ist ein
besonderer Tag.
Wir nennen ihn
den „Tag des Herrn".
Er erinnert uns daran,
dass du Jesus auferweckt hast.
Dafür danken dir alle,
die zu dir gehören.
Auch ich danke dir dafür.
Amen.

DER SCHÖNSTE TAG

Lieber Gott,
der Sonntag ist für mich
der schönste Tag
der Woche.
Da tun Mama, Papa und ich
vieles gemeinsam.
Wir spielen zusammen,
wir basteln miteinander,
wir machen einen Ausflug,
wir besuchen auch mal
Oma und Opa ...
Lieber Gott, ich danke dir
für den Sonntag.
Amen.

WIR KOMMEN ZU DIR

Lieber Gott,
die Glocken läuten.
Du willst uns sagen:
„Kommt in mein Haus!
Ich warte auf euch."
Wir kommen von überall her.
Unterwegs treffen wir noch
viele andere Menschen.
Wir gehören alle zusammen.
Wir gehören dir.
Darüber freuen wir uns.
Amen.

ICH HABE DEIN HAUS GEMALT

Lieber Gott,
von der Kirche habe ich
heute ein Bild gemalt:
das große Haus,
den hohen Turm mit dem Hahn,
die bunten Fenster,
die schwere Eingangstür,
die riesige Uhr ...
Ich finde, du wohnst
sehr schön, lieber Gott.
Amen.

DANKE FÜR DEN SONNTAG

Lieber Gott,
in der Bibel steht:
„Dies ist der Tag,
den der Herr gemacht hat.
Wir wollen jubeln
und uns an ihm freuen."
Ich danke dir für den Sonntag,
lieber Gott.
Amen.

80

LASST UNS MITEINANDER

Kanon zu vier Stimmen

1. F / C⁷ — Lasst uns mit-ein-an-der, lasst uns mit-ein-an-der
C⁷ / F — sin-gen, lo-ben, dan-ken dem Herrn!

2. F / C⁷ — Lasst es uns ge-mein-sam tun:
C⁷ / F — sin-gen, lo-ben, dan-ken dem Herrn,

3. F / C⁷ — sin-gen, lo-ben, dan-ken dem Herrn,
C⁷ / F — sin-gen, lo-ben, dan-ken dem Herrn,

4. F / C⁷ — sin-gen, lo-ben, dan-ken dem Herrn,
C⁷ / F — sin-gen, lo-ben, dan-ken dem Herrn!

Text und Melodie: mündlich überliefert
Sonntag ist heute

LEGE MIR DEINE HÄNDE AUF

Lieber Gott,
einmal kamen viele Mütter
mit ihren Kindern zu Jesus.
Jesus legte ihnen die Hände auf
und segnete sie.
Er hatte die Kinder sehr lieb.
Auch du liebst mich, guter Gott.
Darum bitte ich dich:
Lege mir deine Hände auf
und segne mich!
Dann bin ich richtig froh.
Amen.

DU BIST HIER, LIEBER GOTT

Lieber Gott,
du bist überall.
Du bist in der Kirche,
wo wir beten und singen.
Du bist auf dem Feld,
wo das Korn wächst.
Du bist in der Luft,
wo die Flugzeuge fliegen.
Du bist auf der Straße,
wo die vielen Autos fahren.
Danke, lieber Gott,
dass du überall bist!
Amen.

AM SONNTAG KEINE ZEIT

Lieber Gott,
viele Mütter und Väter
haben auch am Sonntag
keine Zeit für ihre Kinder.
Darum bitte ich dich:
Gib besonders Acht
auf diese Kinder!
Zeige ihnen,
dass du sie lieb hast,
dass du immer bei ihnen bist!
Beschütze und tröste sie!
Amen.

Vater unser im Himmel

geheiligt werde Dein Name

Dein Reich komme

Dein Wille geschehe

wie im Himmel so auf Erden

Unser tägliches Brot gib uns heute

Und vergib uns unsere Schuld wie auch wir vergeben unsern Schuldigern

Und führe uns nicht in Versuchung sondern erlöse uns von dem Bösen

Denn Dein ist das Reich und die Kraft und die Herrlichkeit

in Ewigkeit Amen

MEINE FREUNDE

UND ICH

HEUTE IST MEIN GEBURTSTAG

Lieber Gott,
heute ist ein besonderer Tag:
Ich habe Geburtstag.
Heute vor ... Jahren
bin ich geboren worden.

Ich danke dir,
dass du mir so liebe Eltern
gegeben hast.
Bleibe immer bei mir
und beschütze mich,
heute, morgen
und an jedem neuen Tag!
Amen.

EIN GUTER FREUND

Lieber Gott,
wenn du auch so einen
guten Freund wie ich hast,
dann hast du Glück.
Mein Freund und ich,
wir verstehen uns gut.
Wir gehen zusammen zur Schule
und spielen auch zusammen.
Lass uns immer Freunde bleiben!
Amen.

BEHÜTE SIE ALLE

Lieber Gott,
ich danke dir heute
für den Lehrer (die Lehrerin)
in der Schule,
der (die) so nett zu mir ist;
für den Pfarrer in der Kirche,
der uns von dir erzählt;

für den Polizisten,
der mir über die Straße hilft;
für den Busfahrer,
der Mama (Papa) und mich
in die Stadt zum Einkaufen fährt.
Behüte und segne sie alle!
Amen.

Meine Freunde und ich

Schenk mir Freude am Lernen

Lieber Gott,
in meiner Klasse sind
viele Jungen und Mädchen.
Wir lernen lesen und rechnen,
singen und turnen.
Manchmal ist es einfach,
manchmal ist es schwer.

Unsere Lehrer
(Lehrerinnen) helfen uns,
dass wir alles gut verstehen.
Bitte, lieber Gott, lass mich
immer aufmerksam sein!
Hilf mir, dass mir das Lernen
Freude macht! Amen.

Niemand von uns kann alles

Lieber Gott,
weil du uns liebst, darum leben wir.
Jeden von uns hast du gern, auch mich.
Du hast uns viele Fähigkeiten gegeben.
Der eine kann dies und der andere das.
Der eine rechnet schnell,
der andere zeichnet schön,
ein anderer kann gut schreiben,
der Nächste erzählt spannend

und wieder ein anderer
ist ein prima Freund.
Niemand von uns kann alles gleich gut,
auch die Erwachsenen nicht.
Wir wollen uns deswegen
gegenseitig helfen
und unterstützen.
Gib uns Kraft dazu!
Amen.

Meine Freunde und ich

WIE GUT, DASS ES DIE ANDERN GIBT

Wie gut, dass es die andern gibt!
So bin ich nicht allein.
Du, Gott, der alle Menschen liebt,
sollst unser Freund auch sein.

KINDER AUS ANDEREN LÄNDERN

Lieber Gott,
in meiner Schule
sind viele Kinder
aus anderen Ländern.
Ein Junge kommt aus Afrika,
ein anderer aus Griechenland.
Ein Mädchen stammt aus Italien.

Wir lernen miteinander
und helfen uns gegenseitig.
Wir mögen uns
und sind richtige Freunde geworden.
Hilf uns, lieber Gott,
dass wir immer Freunde
bleiben können!
Amen.

Meine Freunde und ich

ENDLICH FERIEN

Lieber Gott,
endlich sind Ferien.
Wir fahren in die Berge
(ans Meer, auf den Bauernhof):
Papa, Mama, mein Bruder
(meine Schwester, Geschwister) und ich.
Koffer und Taschen sind gepackt.
Es passt nichts mehr ins Auto hinein.
Wir freuen uns auf die Ferien.
Jetzt haben Papa und Mama
viel Zeit für uns.
Wir wandern und klettern,
schwimmen, spielen und erzählen ...
Danke für die Ferien,
lieber Gott! Amen.

JETZT GEHT'S WIEDER LOS

Lieber Gott,
die Ferien sind nun vorbei.
Es war eine schöne Zeit.
Wir hatten viel Zeit füreinander:
meine Eltern für mich
und ich für meine Eltern.
Jetzt fängt die Schule wieder an.
Lass mich froh beginnen!
Hilf mir, dass ich eine Menge lerne!
Amen.

Er hält die ganze Welt

2. Er hält den Tag und die Nacht in seiner Hand,
   er hält die Erde und den Himmel in seiner Hand,
   er hält das Land und das Meer in seiner Hand,
   er hält die Welt in seiner Hand.

3. Er hält die Sonne und den Mond in seiner Hand,
   er hält den Wind und den Regen in seiner Hand,
   er hält den großen Regenbogen in seiner Hand,
   er hält die Welt in seiner Hand.

4. Er hält die Bäume und die Büsche in seiner Hand,
   er hält die Tiere auf dem Felde in seiner Hand,
   er hält die Vögel und die Blumen in seiner Hand,
   er hält die Welt in seiner Hand.

5. Er hält den Vater und die Mutter in seiner Hand,
   er hält den Bruder und die Schwester in seiner Hand,
   er hält das süße kleine Baby in seiner Hand,
   er hält die Welt in seiner Hand.

Text: Halle 1972
Melodie: Negro Spiritual

Meine Freunde und ich

Quellennachweise